Questions de style

30 jeux littéraires sur les figures de style

Nadine Froger

Avant-propos

Ce livre a pour vocation de familiariser le lecteur avec certaines techniques de style, sans souci d'exhaustivité.

Il s'appuie sur la conviction que cette démarche peut encourager, voire initier l'envie d'écrire.

Même si des notions complexes sont abordées, toute aridité a été volontairement écartée, afin de permettre à chacun de maîtriser l'art de bien dire et de suggérer.

Trente fiches composent cet ouvrage. Elles sont toutes développées selon le principe suivant : chaque notion est d'abord analysée à partir de citations d'auteurs connus et reconnus ; ensuite, des exercices d'entraînement sont proposés, puis corrigés ; enfin, l'atelier d'écriture invite à mettre en œuvre la figure étudiée.

L'apprentissage est organisé en trois parties qui comportent des difficultés croissantes ; aussi est-il conseillé de suivre l'ordre défini pour vraiment progresser.

Puisse ce livre convaincre que l'écriture est à la portée de tous !

ISBN 978-2-7298-4253-6

© Ellipses Édition Marketing S.A., 2009
32 rue Bargue 75740 Paris cedex 15

Le Code de la propriété intellectuelle n'autorisant, aux termes de l'article L.122-5.2° et 3°a), d'une part, que les « copies ou reproductions strictement réservées à l'usage privé du copiste et non destinées à une utilisation collective », et d'autre part, que les analyses et les courtes citations dans un but d'exemple et d'illustration, « toute représentation ou reproduction intégrale ou partielle faite sans le consentement de l'auteur ou de ses ayants droit ou ayants cause est illicite » (Art. L.122-4).

Cette représentation ou reproduction, par quelque procédé que ce soit constituerait une contrefaçon sanctionnée par les articles L. 335-2 et suivants du Code de la propriété intellectuelle.

www.editions-ellipses.fr

Sommaire

PREMIÈRE PARTIE
Combiner les sons

Onomatopées 6
Allitérations et assonances 10
Vire-langues 14
Trompe-oreilles 18
Anaphores 22
Homonymes 26
Paronymes 30
Rimes 34
Calembours 38
Charades 42
Devinettes graphiques 46

DEUXIÈME PARTIE
Jouer sur le sens

Synonymes 48
Antonymes 52
Mots croisés 56
Noms propres 60
Anglicismes 64
Comparaisons 68
Métaphores 72
La langue verte 76
Figures d'amplification 80
Figures d'atténuation 84
Devinettes 88

TROISIÈME PARTIE
Exercices de style

Tautogrammes 90
Mots-valises 94
Anagrammes 98
Acrostiches 102
Lipogrammes 106
Langues imaginaires 110
Contrepèteries 114
Adages 118
Collages 122
Haïkus 126

PREMIÈRE PARTIE

Combiner les sons

« De la musique avant toute chose »
Paul Verlaine

Onomatopées

Une onomatopée est la **création d'un mot reproduisant approximativement un son ou un bruit**, par imitation phonétique.

Drelin, drelin pour le son de cloche.
Miaou pour le cri du chat.

Elle permet la formation de dérivés :

un *tam-tam*, le verbe *coasser*…

Proche du langage enfantin, elle apparaît fréquemment dans les comptines :

Ah tut tut pouêt-pouêt la voilà, la toto mobile

Au théâtre, elle est généralement utilisée pour produire un effet comique :

Aïe ! Aïe ! Aïe ! Ouille ! Aïe !

C'est un procédé actif d'enrichissement de la langue puisqu'il permet l'invention de néologismes :

Un *clic-clac*, le *be-bop*, le *hoquet*…

Elle est omniprésente dans la bande dessinée, car elle exprime beaucoup en peu de mots :

Brrr traduit un frisson provoqué par la peur ou le froid.
Zzzz reproduit la respiration d'un dormeur, ou un bourdonnement.
Blabla blablabla évoque une suite de paroles interminable et vaine.

Exercices

1. Que dénotent les onomatopées suivantes ?

   euh : .... chut : ....

   couac : .... bang : ....

2. Exercice inverse : écrivez l'onomatopée correspondante :

   une chute : .... l'indifférence : ....

   des pleurs : .... la colère : ....

3. Associez chaque animal à la transcription de son cri :

   croa croa O   O la reinette

   cri-cri   O   O la corneille

   coa-coa   O   O la cigale

4. Les mots suivants sont formés sur des onomatopées : que signifient-ils ?

   dare-dare : .... un crincrin : ....

   cahin-caha : .... un bibi : ....

5. Trouvez des onomatopées équivalentes pour exprimer la même idée :

   Hep ! : .... Berk ! : ....

6. À partir de ces onomatopées relevées dans une BD, identifiez la scène :
   Tap ! Tap ! Tap ! Tap !... Tzing !... Poc !... Tzong !... Pof !... Poc !... Tzing !... Poc !... Tzong !... Poc !... Tzing !... Poc !... Tzong !... Clap ! Clap ! Clap ! Clap !

Corrigé

1. Euh : le doute — Chut : le silence — Couac : une fausse note, une difficulté — Bang : une déflagration.

2. Une chute : badaboum — L'indifférence : bof — Les pleurs : snif-snif, hihihi — La colère : zut.

3. Croa-croa = la reinette — Cri-cri = la cigale — Coa-coa = la corneille.

4. Dare-dare : promptement — Un crincrin : un mauvais violon — Cahin-caha : péniblement — Un bibi : un chapeau de femme.

5. Hep : Pst ! Psitt ! Ohé !... — Berk : Beurk ! Pouah !

6. Un échange de balle dans une partie de tennis.

Bruitage

Il s'agit de raconter l'histoire d'un automobiliste imprudent qui perd le contrôle de sa voiture et se retrouve dans la cour d'une ferme. Utilisez les onomatopées proposées (la liste est alphabétique et non exhaustive).

Ah ; Ahou ; aïe ; Areu areu ; Atchoum ; Badaboum ; Bzz ; Bing ; Blablabla ; Boum ; Brr ; Broum ; Chut ; Clac-clic ; Coin-coin ; Cocorico ; Cot-cot ; Coucou ; Cui-cui ; Crac ; Dodo ; Ding-dong ; Hi-han ; Meuh ; Miaou ; Pin-pon-pin-pon ; Plouf ; Snif-snif ; Taratata ; Toc-toc ; Tsoin-tsoin ; tut-tuut ; Vlan ; Vraoum…

Allitérations et assonances

Ce sont des effets sonores basés sur la répétition.

Une **allitération** est une **répétition** de **consonnes identiques** ; **l'assonance répète des sons vocaliques** (au sens de voyelles phonétiques).

Elles sont utilisées en poésie d'abord comme moyen mnémotechnique : l'effet d'homophonie permet de mieux retenir l'énoncé ; certains noms de produits commerciaux sont formés sur ce principe :

La barbe à papa
La colle UHU…

Elles peuvent également produire un effet comique par cacophonie, par exemple dans cette chanson de Boby Lapointe :

Tic-tac tic-tac
Ta Katie t'a quitté
Tic-tac tic-tac
T'es cocu qu'attends-tu ?

Ces jeux phonétiques permettent aussi de suggérer un lien entre le sens des mots et leurs sonorités ; l'effet musical obtenu imite le sujet représenté ; on parle d'harmonie imitative comme dans le célèbre vers de Racine :

Qui sont ces serpents qui sifflent sur nos têtes ?

Exercices

1. **Quelle assonance ce vers de Arthur Rimbaud contient-il ?**

   « Il entend leurs cils noirs battants sous les silences. »

   ....

2. **Dans cet énoncé, Francis Ponge a joué d'allitérations : lesquelles ?**

   « C'est un monde opiniâtrement clos. Pourtant il faut l'ouvrir : il faut d'abord la tenir au creux du torchon, se servir d'un couteau ébréché et peu franc, s'y reprendre à plusieurs fois. » (« L'Huître »)

   ....

3. **Quel effet Gustave Flaubert a-t-il recherché à travers les « a » redoublés ?**

   « C'était à Magara, faubourg de Carthage, dans les jardins d'Hamilcar. »

   ....

4. **Comment Victor Hugo suggère-t-il le sifflement des vipères ?**

   « Semblaient un sifflement sinistre de vipères. »

   ....

5. **Trouvez des mots pour créer des effets sonores dans les phrases suivantes :**

   Les .... roucoulaient autour des tourelles.

   Le bel astre brille, ... les bras .... de l'enfant.

   Les ténèbres .... au bord du bois.

   Gaspard, cet homme lugubre et ....

Corrigé

1. Rimbaud manie l'assonance en « en, an » (nasales).

2. Le poète évoque le raclement de la lame du couteau sur l'huître grâce aux répétitions des « r » associés aux consonnes « t », « v », « c ».

3. L'auteur ancre son roman dans un espace historique et barbare.

4. L'allitération en « s » imite le sifflement, voire le glissement sinistre des vipères.

5. Tourterelles — brûle/blancs, bruns, blonds — tombent — hagard, goguenard, ringard

Variation poétique

À partir d'un mot de trois syllabes, déclinez tous les mots qu'il contient puis composez un énoncé afin de produire des effets sonores.

Par exemple, le mot « chrysalide » donne : cri, crie, crise, riz, rit, Isa, lit, lie, lied…
> De son lit, Isa la chrysalide en crise crie sa lie.

Suggestions : écornifleur, lavandière, pastourelle, tarabiscotage…

Vire-langues

Pour pallier les problèmes d'élocution au niveau du débit ou de la prononciation, des exercices ludiques ont été inventés : ce sont les vire-langues.

Il s'agit de **délier la langue en articulant pour produire un énoncé intelligible, tout en parlant à un rythme soutenu.** Les mots sont choisis selon des difficultés liées :

— à l'enchaînement de sons consonantiques :

confisquer, excuse, tzigane, strict, pschent, psittacisme…

— à la présence de sons proches au niveau du processus de production :

jucher, joncher, changer, songer, exiger, sécher, ensacher…

— à des effets d'assonances et d'allitérations :

Le geai gélatineux geignait dans le jasmin.

Exercices

1. **Prononcez les énoncés suivants à cinq reprises :**

   Six slips chics ; je veux et j'exige d'exquises excuses ; suis-je chez Serge ?

2. **Ordonnez les mots suivants afin de composer un vire-langues :**

   Trottaient ; trop ; trois ; toits ; sur ; tortues ; trente ; têtues ; étroits ; très.

   ....

   ....

3. **Sur le modèle « — Petit pot de beurre, quand te dépetitpotde beurreriseras-tu ? — Je me dépetitpotdebeurriserai quand tous les petits pots de beurre se seront dépetitpotdebeurrisés. », complétez l'énoncé suivant :**

   Petit Poucet, quand te ....

   ....

   ....

4. **Ajoutez des mots pour obtenir des effets sonores :**

   Que lit .... sous .... lilas- .... ?

   .... lit ....

5. **Trouvez le dernier mot de ce proverbe farfelu :**

   Qui agace la jacasse fracasse ....

Corrigé

1. Pour que la prononciation soit correcte, aérez l'énoncé à l'aide de pauses :
Six/slips/chics. — Je/veu*x* e*t*/j'exige/d'exquise*s*/*e*xcuses (n'oubliez pas les
liaisons soulignées). — Suis-je/chez/Serge ?

2. Trente (trois) tortues trop têtues trottaient sur trois (trente) toits très étroits.

3. Petit poucet, quand te dépetitpoucèteras-tu ? Je me dépetitpoucèterai quand
tous les petitspoucets se seront dépetitpoucèterisés.

4. Que lit Lili (Eulalie…) sous les lilas-là (sous ces lilas-ci) ? Lili (…) lit la liste
(les livres/l'*Iliade*…).

5. Qui agace la jacasse fracasse l'espace/la rascasse/la mélasse/le salace…

Atelier d'écriture

Ar-ti-cu-ler

―――

Trouvez un maximum de mots brefs commençant par « gr » et « cr », puis rédigez un texte comprenant le maximum des termes trouvés.

Pour vous aider à démarrer :

Grâce, grade, gramme, graphe, graphe, gras...

Croc, croit, croix, croque, crosne, cross, croûte...

Trompe-oreilles

Proche du vire-langues dans sa composition, le trompe-oreilles met en jeu des **associations de sons destinées à produire des textes difficiles à comprendre :**

> *Si tu m'eusses cru*
> *Tu te fusses tu*
> *Te fusses-tu tu*
> *Tu m'eusses plus cru !*

[Le « s » final doit se prononcer.]

Il s'agit de déstabiliser et d'amuser l'auditeur ; outre la prononciation, la mémorisation de l'énoncé est un exercice difficile et salutaire.

Le texte, s'il contient des sonorités inhabituelles, s'apparente à une formule magique, ou à une langue ésotérique :

> *Ainsi, le Bourgeois Gentilhomme de la pièce éponyme de Molière prend le sabir suivant pour du turc :*
> *Marababa salem/Caracamouchem/Mamamouchi...*

Exercices

1. **Continuez la phrase suivante :**

   Si six scies scient six cyprès, six cent six ....

   ....

   ....

2. **Quel est le dernier mot de cet énoncé ?**

   Angèle et Gilles en gilet ....

3. **Puzzle : retrouvez la phrase composée des mots suivants :**
   Tatoué ; tous ; t'a ; ton ; tatous ; tué ; tonton ; tes.

   ....

   ....

   ....

4. **Avec un peu de logique, devinez la deuxième partie de ce raisonnement :**

   Pie niche haut, oie niche bas ; où niche hibou ?

   Hibou niche ni .... ni ...., hibou niche .... !

Corrigé

1. Six cent six scies scient six cent six cyprès.

2. gèlent.

3. Ton tonton tatoué t'a tué tous tes tatous.

4. Pie niche haut
   Oie niche bas
   Où niche hibou ?
   Hibou niche
   Ni haut ni bas
   Hibou niche pas !

Atelier d'écriture

La langue « duhu »

Au cours d'un périple à travers le monde, vous êtes contaminé par un virus qui vous empêche de prononcer toute autre voyelle que le « u ». Vous téléphonez à vos proches ; imaginez vos propos…

Anaphores

Une anaphore est une figure de rhétorique qui consiste à reprendre les **mêmes mots en tête de phrases ou de paragraphes** :

> « *C'est des beaux yeux derrière les voiles*
> *C'est le grand jour tremblant de midi* » Paul Verlaine

Si elle permet d'insister sur les termes mis en relief, elle procède aussi de la scansion de l'énoncé, puisqu'elle met en place des reprises syntaxiques et rythmiques :

> « *J'irai par la forêt, j'irai par la montagne* » Victor Hugo

Elle engendre des effets de parallélisme qui soulignent des correspondances sonores et sémantiques entre les parties du texte. Elle génère un réseau d'échos parfois comiques, souvent lyriques, voire incantatoires.

> « *Une fourmi de dix-huit mètres avec un chapeau sur la tête*
> *Ça n'existe pas, ça n'existe pas* » Robert Desnos

> « *Je t'aime pour toutes les femmes que je n'ai pas connues*
> *Je t'aime pour tous les temps où je n'ai pas vécu* » Paul Éluard

> « *Rome l'unique objet de mon ressentiment*
> *Rome, à qui vient ton bras d'immoler mon amant* » Pierre Corneille

Exercices

1. Retrouvez la forme verbale manquante dans ce poème de Robert Desnos :

    J'ai .... le regret du mal passé les ans.

    J'ai .... tout de même la gloire que je méprise.

    J'ai tout .... hormis l'amour.

2. Quel sentiment l'anaphore permet-elle d'évoquer ?

    « *Assez vu. La vision s'est rencontrée à tous les airs*
    Assez eu. Rumeurs des villes, le soir, et au soleil, et toujours.
    Assez connu. Les arrêts de la vie. [...] »

    Arthur Rimbaud

    ....

3. Quel effet Aragon recherche-t-il en répétant « *un jour* » ?

    « *Un jour pourtant un jour viendra couleur d'orange*
    Un jour de palme un jour de feuillages au front
    Un jour d'épaule nue où les gens s'aimeront
    Un jour comme un oiseau sur la plus haute branche »

    ....

4. Quel écrivain du XXe siècle a rédigé un livre dont chaque paragraphe s'ouvre avec la tournure « Je me souviens » ?

    ....

Corrigé

1. Le poète a utilisé le participe passé « perdu ».

2. Arthur Rimbaud évoque une lassitude, une envie de rompre avec les habitudes. D'ailleurs, ces vers sont extraits d'un quatrain intitulé « Départ ».

3. Louis Aragon écrivain engagé, a composé le poème « Un jour, un jour » pour convaincre ses lecteurs de ne pas perdre espoir et de lutter pour des jours meilleurs.

4. Il s'agit de Georges Perec — 480 bribes de souvenirs y sont égrenées.

Souvenirs, souvenirs

À la manière de Georges Perec, énumérez quelques souvenirs d'enfance.

Je me souviens ....

....

Je me souviens ....

....

Je me souviens ....

....

Je me souviens ....

....

Je me souviens ....

....

Je me souviens ....

....

Homonymes

Plus de mille termes de la langue ont plusieurs homonymes, c'est-
à-dire des mots de **prononciation identique**, mais qui ont une
orthographe et une origine différentes.

Terme, thermes

Cette particularité est utilisée dans des énoncés divers :

— des dialogues comiques :

> *« Pour Caen, quelle heure ?*
> *– Pour où ?*
> *– Pour Caen ? » Raymond Devos*

— des comptines :

> *Il était une fois dans la ville de **Foix** un bonhomme de foi…*

— des énigmes :

> *Cours où étudier les cours* (Réponse : le cours de géographie)

— des images poétiques :

> *« Des lits faits de tous les lys » André Breton*

Exercices

1. Trouvez un homonyme pour chacun des mots suivants :

   cou : .... vice : ....

   chant : .... tant : ....

   signe : .... sep : ....

2. À quels temps le verbe « *confire* » est-il conjugué ?

   Confit   1. ....

            2. ....

            3. ....

3. Écrivez quatre homonymes du mot « *teint* » :

   ....

   ....

4. Proposez une définition pour chacun de ces mots homonymes :

   Cellier : ....

   ....

   Sellier : ....

   ....

Corrigé

1. Coût, coup — vis, visse — champ — temps, tend, t'en — cygne — cèpe.

2. Présent de l'indicatif — passé simple — participe passé.

3. Tain — tint — tînt — thym.

4. Cellier : cave : chambre de réserves — Sellier : bourrelier : fabriquant, marchand de selles.

Paroles

« *Il y a le <u>vert</u> du cerfeuil/Et il y a le <u>ver</u> de terre [...]* », Maurice Carême.
À votre tour, déclinez toutes les variantes graphiques d'un mot.
Suggestions : eau ; air ; lait ; seau...

Il y a ....

Et il y a ....

Il y a ....

Et il y a ....

Il y a ....

Et il y a ....

Il y a ....

Et il y a ....

Il y a ....

Et il y a ....

Paronymes

Les paronymes sont des **mots presque homonymes** tant par leur forme que par leur prononciation :

Collision ; collusion.

Ce sont donc des faux amis car ils induisent des confusions de sens :

Le percepteur n'est pas un précepteur.

Ils permettent la **paronomase**, figure de style qui consiste à rapprocher des paronymes dans un énoncé :

Tu parles, Charles.

Ce procédé est souvent utilisé dans le registre comique :

« Bizarre, beaux-arts, baisers » Eugène Ionesco

« Elle s'appelait Françoise, mais on l'appelait Framboise » Boby Lapointe

Exercices

1. **Trouvez un paronyme pour chacun des mots suivants :**

   Effleurer : .... anoblir : ....

   Consommer : .... conjoncture : ....

2. **Complétez les mots dans les expressions suivantes :**

   L'inclina..................... à mentir L'inclina..................... du mur

   Donner son accept..................... Dans toute l'accept............. du terme

   Recouvr..................... la vue Recouvr..................... un livre

3. **Trouvez le terme manquant dans ces titres de chansons de Gainsbourg :**

   Baby alone in B...................................

   Malaise en M...................................

4. **Retrouvez le mot d'origine dans ces titres de la série noire :**

   De l'or en **jarres** : ....

   La **proie** gammée : ....

5. **De quel film cette réplique est-elle extraite ?**
   « Y a pas d'hélice hélas ! »

Corrigé

1. Affleurer — ennoblir — consumer — conjecture.

2. Inclination/inclinaison — acceptation/acception — recouvrer/recouvrir.

3. Babylone — Malaisie.

4. Barres — croix.

5. *La Grande Vadrouille* de Gérard Oury.

Atelier d'écriture

Du vent dans les toiles

Choisissez des titres de films, puis remplacez un des termes par un paronyme :

*Ex : Le Seigneur des **agneaux**.*

Rimes

De la même famille que « rythme », la rime est un élément essentiel de la poésie ; d'ailleurs, le verbe « rimer » signifie *écrire des vers.*

C'est un jeu d'**homophonie** entre les mots placés à la finale d'un vers :

> « *Ô rage, ô désespoir, ô vieillesse ennemie !*
> *N'ai-je donc tant vécu que pour cette infamie ?* » Pierre Corneille

Exercice de virtuosité dans la **poésie** classique, elle se caractérise par son genre (masculine, féminine), sa disposition (plate, croisée, embrassée) et sa richesse (pauvre, suffisante, riche). Certains auteurs poussent la contrainte à l'extrême en produisant des **vers holorimes, parfaitement homophones** :

> « *Gal, amant de la Reine, alla, tour magnanime*
> *Galamment de l'arène à la tour Magne à Nîmes* » Victor Hugo

En **prose**, elle prend le nom d'**homéotéleute**, et apparaît notamment dans les énumérations :

> « *Elle pue le service, l'office, l'hospice* » Honoré de Balzac

Exercices

1. **Trouvez six mots rimant avec « *bleus* » :**

   ....

   ....

2. **Ajoutez quatre mots à cette énumération d'insultes :**

   Cochon, glouton, ... , ...

   .... , ...

3. **Quel est l'effet recherché dans cette chanson de Jacques Dutronc ?**

   « Le pouce et l'index/Tout en inox/Dans un gant en box/Super luxe/
   Un œil en onyx/Qui n'est pas de lynx/Un pneumothorax […] »

   ....

   ....

4. **Trouvez le deuxième vers holorime écrit par Alphonse Allais :**

   « Aidé, j'adhère au quai. Lâche et rond, je m'ébats,

   Et ....

   ....

5. **Quels mots peuvent clore ce poème composé de vers de six pieds ?**

   Entends-tu cette voix ?

   Peut-être est-ce ....

Corrigé

1. yeux, feux, affreux, heureux, preux, pneu, à la queue leu leu, euh, meuh, scrongneugneu…

2. dindon, félon, fripon, souillon…

3. En utilisant uniquement la rime en « x », l'auteur veut faire sourire et joue avec les nouvelles sonorités apportées par le progrès technologique, pour dénoncer un monde saturé de machines.

4. Et déjà des roquets lâchés rongent mes bas.

5. Le roi, pour toi, l'envoi.

Atelier d'écriture

Catalogue des inventions diaboliques

Faites une liste de noms d'inventions technologiques, puis organisez des séries en fonction de leur terminaison.

Par exemple, une énumération en « -ique ».

Calembours

Le calembour est un **jeu de mots fondé une similitude de sons** :

> *« Le mur murant Paris rend Paris murmurant »*
> *Épigramme historique de 1784*

Il fut très en vogue au XVIIIe siècle, grâce au Marquis de Bièvre, auteur de la fameuse réplique :

> *« Sire, le Roi n'est pas un sujet ! »*

Longtemps méprisé, « fiente de l'esprit qui vole » selon Victor Hugo, il atteignit son apogée au début du XXe siècle, époque où on pouvait le trouver jusqu'au fond des assiettes ! Il apparaît dans :

— la publicité : *Shell que j'aime*

— les enseignes de magasins : restaurant *Le Persil fleur*

— la presse : *Pour Nixon le glas*

Il peut jouer sur :

— l'homophonie : *Allez les vers* (verts) *!*

— les sens propre et figuré : *Les miroirs devraient réfléchir.*

Dans certains calembours, une chaîne homophone se substitue à un mot :

> *La mite au logis* (pour *la mythologie*).

Les vers holorimes relèvent du calembour :

> *La muse ment et l'amant peine/l'amusement et l'âme en peine.*

Exercices

1. De quels noms propres ces expressions sont-elles homophones ?

six cils : ....   bal et art : ....

sue, matras ! : ....   comme or : ....

2. Retrouvez l'origine de ces titres relevés dans *Achille Talon* :

Faux sans tendre : ....

Son ombre il chérit : ....

Le char y va : ris ! : ....

3. De quelle autre façon peut-on orthographier cet énoncé ?
Pour que l'école dure, amis donnez.

....

4. Devinette : M. et Mme… ont un fils : quel est son prénom ?

.... Gat   .... Fasol

.... Knone   .... Cade

.... Lose   .... Astre

Corrigé

1. Sicile — Baléares — Sumatra — Comores.

2. (Il) faut s'entendre — Son nombril chéri — Le charivari.

3. *Pour que les cols durs, amidonnez !* (Francis Blanche).

4. René — Rémi — Otto — Barry — Enki — Kad.

Atelier d'écriture

Dîner de têtes

Dressez la liste des invités au grand bal donné par le comte Goutte et la comtesse Tassion dans leur château Mahawk.

Le baron ....

L'abbé ....

Le père ....

La mère ....

....

....

....

....

....

Charades

Aujourd'hui divertissement enfantin, la charade connut un extraordinaire succès au XIXᵉ siècle, époque où elle s'imposa comme la manifestation exclusive de l'esprit français.

Le jeu consiste à **deviner un mot en autant d'étapes qu'il comporte de syllabes** ; chacune de ces syllabes devient un mot par **homophonie ou paronymie** :

> *Calembour = cas-lent-bourg ; cale-an-bourre…*

La définition finale permet de trouver le mot complet :

> *Mon tout était un jeu prisé dans les salons.*

La variante la plus sophistiquée est la charade à tiroirs, où chaque définition est remplacée par un calembour :

> *Mon premier va çà et là : Vic erre/vicaire/VIC*
>
> *Mon second est employé des postes : Tor est facteur/torréfacteur/TOR*
>
> *Mon troisième ne rit pas jaune : U rit noir/urinoir/U*
>
> *Mon quatrième n'est pas pressé : Go est lent/goéland/GO*
>
> *Mon tout fut auteur de charades : VICTOR HUGO.*

Exercices

1. Élucidez cette charade en vers :

   Mon premier est un métal précieux : ....

   Mon second un habitant des cieux : ....

   Mon tout, un fruit délicieux ....

2. Trouvez un mot homophone pour chaque syllabe des mots suivants :

   Velouté : ....

   Héritage : ....

   Solidement : ....

3. Saurez-vous résoudre cette charade à tiroirs ?

   Mon premier est le pluriel d'orateur : ....

   Mon deuxième tourne en ridicule : ....

   Mon dernier s'exprime en termes vigoureux : ....

   Mon tout est un poète du XXe siècle : ....

4. Devinez cette charade rédigée par Victor Hugo :
   J'achète mon second avec mon premier
   Pour le voir, à la fin, mangé par mon entier

Corrigé

1. Or-ange.

2. Vœu-loup-thé — Air-rite-âge/Est-ri-ta-jeu/Erre-riz-Tage... — Sot (saut, seau, sceau)-lit-deux-ment.

3. Les haut-parleurs LEO — Fer-raille — ferraille FER — Ré-clame — réclame RE — Léo Ferré.

4. Sou-Riz ; la souris.

Charade alphabétique

Chaque lettre du mot à deviner est remplacée par un équivalent phonétique.

L   aile : mon premier permet à l'oiseau de voler

U   hue : mon deuxième est un mot de charretier

N   haine : mon troisième engendre la violence

E   œufs : mon quatrième contient des poussins

    Mon tout est comme un point sur un i

Choisissez un mot et fabriquez une charade du même type.

Devinettes graphiques

Selon le principe du rébus, les devinettes suivantes sont fondées sur une équivalence entre le dessin et la phrase qui est la solution.

Matinée

....

Lundi *mardi* *mercredi* **jeudi** vendredi **samedi** dimanche

....

....

Sertovichonsettes

....

....

Réponses : grasse matinée ; les jours se suivent mais ne se ressemblent pas ; mélanger les torchons et les serviettes)

DEUXIÈME PARTIE

―

Jouer sur le sens

« Donner un sens plus pur aux mots de la tribu »
Stéphane Mallarmé

Synonymes

Deux mots sont synonymes s'ils sont de **même nature grammaticale** et qu'ils ont **le même sens dans un énoncé.**

> Dans la phrase : « *Éclairez le sens de ce terme.* », « mot » est synonyme de « terme ».

Il est rare que deux synonymes aient exactement le même sens ; la plupart du temps, ils sont approximatifs :

> « *Terreur* » et « *frayeur* » n'expriment pas une peur de même intensité.

> « *Peur* » et « *trouille* » n'appartiennent pas au même registre de langue.

Un mot peut avoir des synonymes différents :

> *Un mot est composé de lettres.* (Caractères écrits)

> *Le facteur distribue les lettres.* (Missives)

Un mot et son synonyme dans une même phrase peuvent former un **pléonasme** :

> *L'ogre l'a mangé et dévoré tout cru !*

Faute de synonyme, on a recours à la **périphrase** :

> « *Le pétrole* » ou « *l'or noir* »

Exercices

1. **Pour chaque mot, donnez un synonyme dans la langue soutenue :**

   agitation : t............................   bavard : l............................

   hasardeux : a............................   coûteux : o............................

   obéir : o............................   justice : é............................

2. **Trouvez six synonymes à l'adjectif « *grand* » :**

   ....

   ....

   ....

3. **Attribuez à qui de droit les synonymes du mot « rémunération » :**

   appointements ⚪   ⚪ avocat

   émoluments ⚪   ⚪ banquier

   honoraires ⚪   ⚪ employé

   commissions ⚪   ⚪ officier ministériel

4. **Les noms « *cruciverbiste* » et « *verbicruciste* » sont-ils synonymes ?**

   ....

5. **Que signifie la périphrase « dire pis que pendre » ?**

   ....

Corrigé

1. Tumulte — loquace — aléatoire — onéreux — obtempérer — équité.

2. Élancé — Géant, gigantesque, immense — Adulte — Ample, spacieux, large, étendu, vaste — Gros, volumineux — Colossal, énorme, démesuré, monumental — Considérable, important — Fameux, illustre — Beau, grandiose.

3. Appointements/employé — Émoluments/officier ministériel — Honoraires/avocat — Commissions/banquier.

4. Non, le *cruciverbiste* est amateur de mots-croisés, le *verbicruciste* en est l'auteur ; ils sont donc paronymes.

5. Critiquer.

Atelier d'écriture

Agenda

Au début de chaque nouvelle année, vous prenez dix bonnes résolutions. Énumérez-les à l'aide du verbe « faire », puis reformulez-les en utilisant des verbes synonymes.

Par exemple : **Faire** face aux contrariétés/**Affronter** les contrariétés.

Faire ....

Faire ....

Faire ....

Faire ....

Faire ....

Faire ....

Faire ....

Faire ....

Faire ....

Faire ....

Antonymes

On appelle antonymes **deux mots de sens contraire** :

jour/nuit
belliqueux/pacifiste
affliger/réjouir

Pour les former, on peut utiliser un préfixe négatif :

Déraisonner, impatient, malhonnête, disproportionné

Certains mots, polysémiques, ont plusieurs antonymes :

Lourd : adroit, habile, léger, élégant…

Ils servent de base à trois figures de rhétorique :

— **l'antithèse** qui permet de contredire une opinion :

*Loin d'être **efficace**, cet appareil est **inutile**.*

— **l'oxymore** qui consiste à allier deux mots contraires :

Hâte-toi lentement.

— la **litote** qui fait entendre le plus en disant le moins :

*Ce n'est pas **fameux**.* (c'est-à-dire *c'est **mauvais**)*

Exercices

1. **Écrivez l'antonyme de chacun des mots suivants :**

   indiqué : .... unilatéral : ....

   paléolithique : .... philanthrope : ....

2. **Trouvez l'intrus :**
   - ○ incroyable
   - ○ interminable
   - ○ inflammable
   - ○ indéfendable
   - ○ inimaginable

3. **Remplacez le mot en gras par un antonyme :**

   l'avocat de la **défense** : ....

   jouer en **défense** : ....

   un nom **propre** : ....

   une chemise **propre** : ....

4. **Formulez ce compliment à l'aide d'une litote :**

   Il est génial ! ....

5. **Complétez cet oxymore :**

   Cette .... clarté qui tombe des étoiles.

Corrigé

1. Contre-indiqué — bilatéral — néolithique — misanthrope.

2. L'adjectif « inflammable » ne comporte pas le préfixe négatif « in ».

3. L'avocat de l'accusation — jouer en attaque — un nom commun — une chemise sale, maculée, souillée…

4. Il est loin d'être sot. Il n'est pas idiot…

5. Cette *obscure* clarté qui tombe des étoiles. (Pierre Corneille)

Atelier d'écriture

Autoportrait

Faites votre portrait physique et moral, en progressant par antithèses.
Exemple : Je ne suis pas élancé, je suis trapu.

Mots croisés

À l'origine, le jeu s'appelait « mots carrés » : la grille, carrée, était composée sans cases noires, ce qui limitait les possibilités de combinaisons. La première grille de mots croisés parut dans le supplément dominical d'un journal anglais en 1913. En France, des mots croisés furent proposés aux lecteurs du *Dimanche illustré* dès 1925, et ils ne cessèrent d'intéresser cruciverbistes et verbicrucistes, amateurs passionnés de mots, tels Tristan Bernard, Raymond Queneau ou Georges Perec.

Les définitions sont de véritables énigmes ; l'ambiguïté repose sur :

— la synonymie :
    diriger : AXER

— la polysémie :
    sport de masses : SUMO

— l'homonymie :
    mesure contre le froid : STÈRE

— la graphie du mot :
    bout de pied : ED

— le calembour :
    l'être anonyme : ON

— la référence à une citation :
    sérum de vérité : VIN

— la nature grammaticale d'un mot :
    déjeuner sur l'herbe : PAÎTRE

— la formulation de la définition :
    très ancien : MOULT

Auteur virtuose de jeux de mots et de textes à contraintes, l'oulipien George Perec imagina la « grille inachevée » ; une grille de mots croisés de dix cases sur dix est en effet mentionnée au chapitre XXIII de *La Vie mode d'emploi* : « Un journal est plié de telle façon que seuls les mots croisés sont visibles » ; deux mots ont été trouvés à ce stade du roman. Au chapitre XXV, le remplissage de la grille a avancé. Mais elle reste inachevée ; c'est au lecteur de la terminer à sa guise.

Certaines définitions de Tristan Bernard sont restées célèbres :

   Lève son drapeau en signe de liberté : TAXI
   Femme du feu : VEUVE
   Suit le cours des rivières : DIAMANTAIRE

Exercices

1. **Quel est le mot commun aux expressions suivantes ?**

   .... de balance   .... de fauteuil   .... de mer

2. **Quel acronyme de deux lettres correspond à cette double définition ?**
   Mille feuilles pour les grands, biscuits pour les petits.

   ....

3. **Cette définition fait référence à la langue ; trouvez le mot correspondant :**

   Rapporteuses de bruits divers : ....

4. **Remplissez la grille à l'aide des définitions (pas de cases noires) :**

   Horizontalement
   - I-Mailles
   - II-Part du cœur
   - III-Fortes pluies
   - IV-Essuyée
   - V-Jumeau désordonné

   Verticalement
   - 1-Corde à nœuds
   - 2-Lettres de Rimbaud
   - 3-Pinces d'or
   - 4-Refuges pour jumelles
   - 5-Indifférenciés chez l'escargot

Corrigé

1. Un bras

2. BN (Bibliothèque Nationale)

3. Onomatopées

4.

	1	2	3	4	5
I	L	A	C	E	S
II	A	O	R	T	E
III	S	E	A	U	X
IV	S	U	B	I	E
V	O	I	E	S	S

Atelier d'écriture

Mots carrés

À votre tour, formulez les dix définitions qui permettent de trouver des mots.

Horizontalement :

I. ANGLE : ....

II. PARES : ....

III. LIONS : ....

IV. UNITÉ : ....

V. SÉNÉS : ....

Verticalement :

1. À PLUS : ....

2. NAINE : ....

3. GROIN : ....

4. LENTE : ....

5. ESSES : ....

Noms propres

À côté des emprunts aux langues anciennes et étrangères, le lexique s'enrichit grâce aux noms propres. Ce procédé est **l'antonomase.**

Dès l'Antiquité, les mois portèrent le nom d'empereurs ou de dieux :

> *Mars*, nom du dieu de la guerre
>
> *Juillet*, mois de *Jules* César

Le nom des inventions a souvent été formé :

— sur le nom de leur créateur :

> *Diesel :* moteur inventé par l'ingénieur allemand *Diesel.*

— sur leur origine géographique :

> *Bougie :* chandelle de cire fabriquée à *Bougie*, en Algérie.

— ou sur le nom de leur dédicataire :

> *Reine-claude :* prune appréciée de la reine Claude de France.

Le succès d'un texte a parfois engendré l'apparition d'un nouveau nom :

> *Le Roman de Renart* a substitué le nom « renard » à « goupil ».
>
> *Candide* de Voltaire est devenu synonyme d'« ingénu ».

Exercices

1. **Quel est l'intrus ?**

   ○ olibrius   ○ gibus   ○ stradivarius   ○ médius   ○ laïus

2. **Écrivez les noms de plantes dérivés des noms propres suivants :**

   Hortense : ....   Bougainville : ....

   Begon : ....   Dahl : ....

3. **Parmi ces inventions, laquelle est allemande ?**

   ○ ampère   ○ carter   ○ newton   ○ ohm   ○ watt

4. **Lequel de ces noms n'est pas un personnage de théâtre ?**

   ○ un don Juan

   ○ un figaro

   ○ un gavroche

   ○ un matamore

   ○ un tartuffe

   ○ un gogo

5. **Vrai ou faux ?**

   Louis Braille, inventeur du *braille* était aveugle.
   ○ vrai   ○ faux

   La *clémentine* a été mise au point par l'abbé Clément.
   ○ vrai   ○ faux

Corrigé

1. Le nom « médius » — les autres sont, à l'origine, des noms propres.

2. Hortensia — bougainvillée — bégonia — dahlia.

3. L'ohm porte le nom du physicien allemand Georg Ohm.

4. Gavroche est un personnage du roman *Les Misérables* de Victor Hugo. Moins connu, Gogo apparaît dans une comédie de Frédérick Lemaître.

5. Faux — vrai.

Atelier d'écriture

Mythologie au quotidien

Racontez un fait divers, en introduisant dans votre récit des noms de héros ou de lieux de la mythologie devenus noms communs.

Amazone ; apollon ; argus ; cerbère ; chimère ; écho ; furie ; hercule ; labyrinthe ; mentor ; muse ; narcisse ; nectar ; nymphe ; pactole ; sirène ; sosie…

Anglicismes

Les premiers emprunts à l'anglais datent du Moyen Âge :

paletot, varech.

Le mot « anglicisme » qui date de 1652 marque un goût pour le mode de vie anglais de cette époque : *jockey, spencer.*

Au XVIIIe siècle, les philosophes des Lumières sont influencés par l'Angleterre, tant au niveau culturel que politique. Après la Révolution, de nombreux termes anglais sont introduits dans le lexique :

Agitateur, hors-la-loi, parlementaire, législature.

Depuis le XIXe, les anglicismes concernent les apports de l'anglais et de l'américain, et sont liés aux progrès technologiques :

— les transports :

wagon, tramway, tourisme

— les sciences :

big bang, scanner, lifting

— le sport :

score, leader, challenge

— le commerce :

marketing, shopping, packaging

— les médias :

scoop, best-seller, play back

C'est dans le domaine des technologies nouvelles qu'ils sont les plus nombreux :

Electronic mail, tuner, hot line

Exercices

1. **Combien d'anglicismes l'énoncé suivant contient-il ?**
   Le boxeur tatoué : un dealer ?

   ....

2. **Quel mot français correspond à l'anglicisme « feeling » ?**

   ....

3. **Dans la liste suivante, trouvez le faux anglicisme :**

   ○ standing

   ○ smoking

   ○ jogging

   ○ listing

   ○ timing

4. **Pour chaque terme, faites correspondre sa traduction :**

   coach ○   ○ meneur

   goal ○   ○ parrain

   leader ○   ○ entraîneur

   sponsor ○   ○ gardien

5. **Connaissez-vous l'équivalent anglais des mots suivants ?**

   redevance : ....   V.T.T. : ....

   feuilleton : ....   scénarimage : ....

Corrigé

1. Tous les mots, sauf les articles, sont d'origine anglaise.

2. Intuition, flair.

3. Smoking (« dinner-jacket » en anglais).

4. Coach/entraîneur — Goal/gardien — Leader/meneur — Sponsor/parrain.

5. Royalty — mountain bike — serial — story-board.

Atelier d'écriture

Patchwork

―――

Choisissez un thème (sport, informatique, cinéma…), puis énumérez tous les mots qui le définissent en alternant français et anglais.

Exemple : TENNIS = raquette, court, arbitre, ace…

―――

Comparaisons

La comparaison est une figure de rhétorique qui établit **un rapport explicite entre deux réalités** de nature différente et appartenant à des domaines distincts :

> *L'adolescente était fraîche comme une rose.*

Cet énoncé traduit une **analogie** entre un être humain (le comparé) et un végétal (le comparant).

Elle met en oeuvre une variété de **charnières** grammaticales : *comme ; pareil à ; tel ; aussi... que ; de même... que ; avoir l'air de ; tenir de ; ressembler à ; on aurait dit ; c'était comme si...*

Elle est à l'origine de **locutions ou clichés** :

> *dormir comme un loir*
> *blanc comme neige*
> *triste comme un jour sans pain*

C'est un procédé fréquent en poésie pour son pouvoir d'évocation :

« Mon verre s'est brisé comme un éclat de rire » Guillaume Apollinaire

« Il est des parfums frais comme des chairs d'enfants » Charles Baudelaire

Exercices

1. **Complétez chaque comparaison à l'aide d'un verbe :**

   .... comme un livre.

   .... comme un gant.

2. **Retrouvez l'adjectif manquant :**

   .... à lier.

   .... à mourir.

3. **À quel même verbe peut-on associer les comparants suivants ?**

   Fou, malade, brute, cheval : ....

4. **Associez chaque adjectif à l'animal qui convient :**

   orgueilleux ○   ○ un ver

   laid ○   ○ un coucou

   maigre ○   ○ un crapaud

   nu ○   ○ un pou

5. **Variez la construction grammaticale de la comparaison suivante :**

   Il devint rouge comme un coquelicot.

   ....

   ....

   ....

Corrigé

1. Parler comme un livre. — Aller, retourner comme un gant.

2. Fou à lier. — Belle à mourir.

3. Travailler.

4. Laid comme un crapaud (un pou). — Maigre comme un coucou. — Nu commun ver. — Orgueilleux comme un pou.

5. Il devint rouge tel un coquelicot. — Il devint aussi rouge qu'un coquelicot.

Atelier d'écriture

Peinture surréaliste

« *La terre est bleue comme une orange* », Paul Éluard.

À la manière du poète, associez éléments de la nature et couleurs pour peindre un paysage.

La .... est .... comme ....

L .... est .... comme ....

L .... est .... comme ....

L .... est .... comme ....

L .... est .... comme ....

L .... est .... comme ....

L .... est .... comme ....

L .... est .... comme ....

L .... est .... comme ....

L .... est .... comme ....

« *Les mots ne mentent pas* ».

Métaphores

Cette figure instaure un **rapprochement inattendu** entre deux éléments.

Contrairement à la comparaison, elle ne comporte pas d'outil. Il s'agit donc d'une sorte de « collision lexicale » qui incite le lecteur à trouver l'analogie ; moins elle est explicite, plus l'image est forte :

> « *Mon beau navire, ô ma mémoire* » *Guillaume Apollinaire.*

Les termes porteurs sont généralement :

— un verbe :

> « *Et les villes s'éclaboussaient de bleu* » *Jacques Brel*

— un nom :

> « *La **morsure** aiguë du temps* » *Boris Vian*

— un attribut :

> « *Le hublot est **une rondelle de soleil*** » *Blaise Cendrars*

Mais elle ne se restreint pas au domaine poétique :

— elle produit des expressions pittoresques :

> *Balayer les soucis.*

— elle permet d'évoquer l'humain en référence à l'animal :

> *C'est un ours !*

— elle sert de base à la plupart des insultes :

> *Moule à gaufres !*

Exercices

1. Ajoutez le verbe manquant pour produire une métaphore :

.... une dette   .... une différence

.... le ridicule   .... l'orgueil

2. Trouvez des expressions métaphoriques à partir des verbes suivants :

Gober ....   Digérer ....

Dévorer ....   Éplucher ....

3. Écrivez deux noms d'aliments qui servent d'insultes :

....

4. Que désigne Cyrano avec les noms « pic », « cap », « péninsule » ?

....

5. Trouvez les noms correspondants à ces métaphores :

Jupe sonore : ....

Grain de tabac à ressort : ....

Corrigé

1. Éponger une dette — gommer une différence — frôler le ridicule — piétiner l'orgueil.

2. Gober un mensonge, une histoire — digérer une nouvelle — dévorer un livre — éplucher le journal, les comptes.

3. Andouille — banane — cornichon — quiche — tarte…

4. Son nez.

5. Cloche — puce.

Atelier d'écriture

Images

« Une heure n'est pas une heure, c'est un vase rempli de parfums, de sons, de projets, de climats. », Marcel Proust.

Rédigez une ou deux phrases en vous inspirant de cette citation, pour évoquer une saison, un lieu, un sport, un loisir…

.... *n'est pas* ...., *c'est* ....

....

.... *n'est pas* ...., *c'est* ....

....

.... *n'est pas* ...., *c'est* ....

....

.... *n'est pas* ...., *c'est* ....

....

.... *n'est pas* ...., *c'est* ....

....

La langue verte

À l'origine, l'**argot** est la langue des gueux et des malfaiteurs qui communiquent entre eux sans être compris des non-initiés. Aussi, elle ne cesse de se renouveler sitôt qu'elle est déchiffrée. C'est un **mélange de mots courants entremêlés de termes convenus.**

Il semble dater du XVe siècle ; François Villon l'a utilisé dans ses ballades :

> « *Ainsi tu ne luras l'accolante tortouse.* »
>> (Ainsi tu ne verras pas la corde de la potence)

Au XIXe, Lacenaire écrit :

> « *Pègres traqueurs qui voulez tous du fade*
> *Prêtez l'esgourde à mon dur boniment* »

Au siècle dernier, elle servit la littérature policière, le cinéma et la chanson :

« *Puis il a glavioté le morcif* » (Il a avoué.) *Frédéric Dard*

« *Debout, face au mur, les paluches en l'air !* » *Michel Audiard*

« *Le Tord-boyaux, il s'agit d'un boui-boui bien crado* » *Pierre Perret*

Exercices

1. Que signifient les mots argotiques suivants ?

kif-kif : .... un aller-retour : ....

le toubib : .... le pifomètre : ....

2. Faites correspondre chaque terme argotique à une partie du corps :

bouillotte ○   ○ postérieur

clavier ○   ○ ventre

boîte à biscuits ○   ○ tête

compotier ○   ○ dents

3. Traduisez cette réplique de San Antonio :

« Il rubiconde à mort de trop jacter et de trop écluser de champ. »

....

....

....

4. Réécrivez correctement ces mots anglais déformés par Bérurier :

un véquande : .... Naiviorque : ....

un sunlaïte : .... un kidnappingueur : ....

Corrigé

1. La même chose — une paire de gifles — le médecin — le flair, l'intuition.

2. Bouillotte/tête — clavier/dents — boîte à biscuits/ventre — compotier/postérieur.

3. Il devient complètement rouge à force de trop parler et de boire trop de champagne.

4. Un week-end — New York — un sunlight — un kidnappeur.

Atelier d'écriture

Buffet froid

Rédigez l'avis de décès d'Henri Bastos dit l'Édenté à l'aide d'expressions tirées du lexique argotique :

cercueil : boîte en sapin

décès : clabotage

enfant : chiare

femme : gonzesse

morgue : auberge à viande froide

cadavre : macchabée

mourir : avaler son acte de naissance

pleurer : être en état de pleurance

Figures d'amplification

Certaines figures sont destinées à insister, à amplifier, voire à exagérer.

Le **pléonasme** : une expression est augmentée d'un mot qui ne fait que répéter ce qui vient d'être énoncé, par exemple :

Voyons voir.

Monter tout en haut.

Certains pléonasmes sont fautifs, comme :

Prévoir à l'avance.

Ils sont également appelés **tautologies**, **lapalissades** ou **truismes** :

Un sou est un sou.

Appeler un chat un chat.

La **gradation** consiste à juxtaposer des mots ou des propositions pour obtenir une progression ascendante ou descendante :

« Va, cours, vole et nous venge » Pierre Corneille

L'**hyperbole** permet de mettre une idée en relief grâce à une expression superlative :

Je meurs de faim !

Exercices

1. **Complétez les expressions pour obtenir des pléonasmes :**

   Je l'ai vu de mes ....   J'applaudis des deux ....

   La démocratie ....   Le .... infime

2. **Quel préfixe peut-on ajouter à ces mots pour exprimer l'hyperbole ?**

   .... fort   .... lucide   .... ordinaire

3. **Ordonnez les mots suivants pour obtenir une gradation ascendante :**
   abominable ; affreux ; atroce ; effroyable ; épouvantable.

   1. ....
   2. ....
   3. ....
   4. ....
   5. ....

4. **Classez ces termes de boxe pour obtenir une gradation descendante :**
   super léger ; coq ; moyen ; mouche ; plume.

   1. ....
   2. ....
   3. ....
   4. ....
   5. ....

Corrigé

1. Yeux — mains — populaire — plus.

2. Le préfixe « extra ».

3. 1. affreux — 2. abominable — 3. effroyable — 4. épouvantable — 5. atroce.

4. 1. moyen — 2. super léger — 3. plume — 4. coq — 5. mouche.

Atelier d'écriture

Pub

Madame de Sévigné écrivit une fameuse lettre commençant par ces mots : « Je m'en vais vous mander la chose la plus étonnante, la plus surprenante… »

En conjuguant hyperbole et gradation, rédigez une longue phrase pour vanter un produit, un objet que vous appréciez particulièrement.

Je vais vous parler du ....

Figures d'atténuation

Elles servent à adoucir des propos pour différentes raisons :

— Pour éviter de prononcer un mot tabou dérangeant :

Mon père s'est éteint.

Un malentendant, un non-voyant…

Ce procédé, appelé **euphémisme**, est omniprésent dans le discours persuasif utilisé dans les domaines politique, judiciaire et publicitaire.

— Pour évoquer de façon imagée, en remplaçant le mot par une expression équivalente appelée **périphrase** :

Le billet vert pour *le dollar.*

— Pour servir l'**ironie** :

– dans *Candide*, Voltaire désigne la prison par la **périphrase** :

« des lieux où l'on n'était jamais dérangé par le soleil »

– on peut employer un mot dans un sens contraire, c'est l'**antiphrase** :

C'est du propre !

– la **litote** feint de dire le moins en suggérant le plus :

« Ce livre ne manque pas d'intérêt » pour dire *« il est intéressant ».*

Exercices

1. Que signifient les antiphrases suivantes ?

C'est malin ! ....

Superbe ! ....

2. Formulez ces idées à l'aide d'une litote :

C'est perdu d'avance : ....

Il aime aller au concert : ....

3. Que désignent ces expressions ?

Une technicienne de surface : ....

Une personne de petite taille : ....

4. De quels pays s'agit-il ?

L'Empire du milieu : ....

La Perfide Albion : ....

5. Quelle institution est désignée par la périphrase suivante ?

La vieille dame du quai Conti : ....

Corrigé

3. C'est vraiment stupide. — C'est extrêmement laid.

2. Ce n'est pas gagné. — Il ne déteste pas aller au concert.

3. Une femme de ménage — Un nain.

4. La Chine — L'Angleterre.

5. L'Académie française.

Atelier d'écriture

Mot tabou

Choisissez un mot ; trouvez des figures d'atténuation pour le faire deviner.

Devinettes

1. *Cinq voyelles, une consonne*
   En français composent mon nom,
   Et je porte sur ma personne
   De quoi l'écrire sans crayon.

   Voltaire

2. *Je fus demain, je serai hier.*

   Fontenelle

3. *Trente-deux demoiselles, toutes de blanc vêtues, assises sur des bancs rouges, avec une bavarde au milieu.*

4. *Sans moi, Paris serait pris.*

Réponses : 1. Oiseau — 2. Aujourd'hui — 3. Les dents — 4. La lettre A.

TROISIÈME PARTIE

—

Exercices de style

« Les mots il suffit qu'on les aime pour écrire un poème »
Raymond Queneau

Tautogrammes

À l'origine, le **tautogramme** est un poème à forme fixe dont tous les mots commencent par la même lettre (le plus souvent une consonne) :

> « *Triste, transi, tout terni, tout tremblant.* » *Clément Marot*

Évidemment, ce procédé d'écriture relève de l'assonance :

> «*Veni, vidi, vici.*» *Jules César*

Les effets sonores qui en résultent dépendent de la particularité phonétique de la lettre choisie :

> *Le lent lettré lit les livres.*
> *Ta toute timide tante trotte.*

Le tautogramme devient vire-langues s'il est basé sur certaines consonnes :

> *Zoé zigzague zen.*
> *Quatre coquins crépus courent.*
> *Sept souris sifflent sans souci.*

Exercices

1. Ajoutez les mots manquants pour obtenir un tautogramme :

   Samuel .... son sirop sans son ....

   Voici .... vingt .... volants.

2. Complétez le tautogramme de Louis de Court (1725), avec les mots : même ; mille ; ministre.

   Mazarin, ... *malade, méditait* ....

   moribond malicieusement .... *maltôtes* [impôts].

3. Puzzle : reconstituez le tautogramme : misères ; minent ; maintes ; me.

   ....

4. Trouvez des adjectifs commençant par la lettre « m ».

   ....

   ....

   ....

   ....

Corrigé

1. Samuel siffle (savoure, sent, saisit…) son sirop sans son sel (salami, scribe, secrétaire, serpent, singe…). — Voici venir (vieillir, valdinguer, vibrer…) vingt vêtements (vandales, veufs, virus, vitrages…).

2. *Mazarin, ministre malade, méditait même moribond malicieusement mille maltôtes.*

3. Maintes misères me minent.

4. Morose — mûr — maniaque — mou — méthodique — mauvais — muet — minable…

Petite annonce

Rédigez un tautogramme sous forme d'annonce, à partir du nom d'un animal.

Exemple : Éléphant effronté engage éducateur expérimenté et enthousiaste.

Mots-valises

Comme son nom l'indique, le mot-valise est un **contenant** ; il est obtenu grâce à **l'assemblage de deux termes qui possèdent une syllabe phonétique commune** :

« Cagibier » est formé par enchâssement de *cage* et de *gibier*.

« Rhuminant » vient de la fusion de *rhume* et de *ruminant*.

Mais si le néologisme est un collage au niveau de la forme, il combine également les sens des deux mots de base :

Une *aloumette* (alouette + allumette) est un « oiseau de feu ».

Un *gastronomade* (gastronome + nomade) est un « voyageur gourmet ».

Si la création de mots-valises est une activité ludique, elle participe aussi à la sérieuse désignation des fruits et légumes obtenus par greffe : le *potimarron*.

Plutôt que d'utiliser l'image d'une valise, les Suisses désignent les mots inventés par un terme qui est formé sur ce principe :

Le mot-linette (mot + moulinette).

Exercices

1. **Retrouvez les mots contenus dans les mots-valises suivants :**

    Un cinémagicien : ....

    L'écolonomie : ....

2. **Créez des mots-valises en combinant les termes suivants :**

    Animateur + tueur : ....

    Libellule + hulotte : ....

3. **Comment peut-on appeler un texte qui mêle prose et poésie ?**

    Un ....

4. **Devinez les mots-valises à partir de leur définition :**

    Base pour avions économes en carburant : ....

    Petit rongeur réputé pour sa haute fidélité : ....

    Vieux pachyderme aux cheveux longs : ....

    Petite sieste digestive du bébé : ....

Corrigé

1. Cinéma + magicien (nom donné à Méliès) — économie + écologie (nouveau portefeuille ministériel).

2. Animatueur — libellulotte.

3. Un proème.

4. Aérodromadaire — hamsteréo — mamoumouth — biberonflette.

Atelier d'écriture

Chimères

Dans la mythologie, le mot « chimère » désignait un monstre composé par l'assemblage de plusieurs animaux ; en inventant des mots-valises, vous créez de nouvelles espèces d'animaux fantastiques.

Exemple : rhinocéros + rossignol = un « rhinocérossignol »

Anagrammes

Pratiquée depuis l'Antiquité, l'anagramme consiste à **créer un mot nouveau en mélangeant les lettres d'un mot ou d'une phrase donnés.**

> *« Marie qui voudrait votre nom retourner*
> *Il trouverait **aimer**, aimez-moi donc Marie ! » Pierre de Ronsard*

Mais plus qu'un jeu, elle offre la possibilité de crypter un énoncé ; c'est pourquoi de nombreux écrivains ont signé certaines œuvres d'une anagramme :

> *Alcofribas Nasier* pour François Rabelais (inquiété par sa hiérarchie ecclésiastique)

Dans certains cas, on obtient un autre mot en lisant les lettres de droite à gauche ; il s'agit du **boustrophédon** :

Stop/Pots
Port/Trop

Exercices

1. **Trouvez l'anagramme de chacun des mots suivants :**

   migraine : i .... dispute : s ....

   obscure : c .... balourd : l ....

2. **Certains mots ont plusieurs anagrammes ; c'est le cas de « tiédeur » :**

   éd .... ét ....

   ér .... r ....

3. **Remplacez les termes entre parenthèses par leur anagramme :**

   Le (réveil) .... cuisait avec les (gorilles) ....

   Ces (trèfles) .... étaient (argentés) ....

4. **Retrouvez les artistes derrière leur anagramme :**

   Avida Dollars : ....

   Bison Ravi : ....

Corrigé

1. Imaginer — stupide — courbes — loubard.

2. Éditeur — étudier — érudite — réduite.

3. Lièvre — girolles — reflets — étranges.

4. Salvador Dali — Boris Vian.

Anagrammes croisées

Remplissez la grille suivante ; chaque définition est l'anagramme du mot à trouver.

Horizontalement :

I. ERINE
II. TRONE
III. COUTS
IV. ENE
V. PESEE

Verticalement :

1. TERSE
2. CET
3. NOIRE
4. ENOUE
5. SENTE

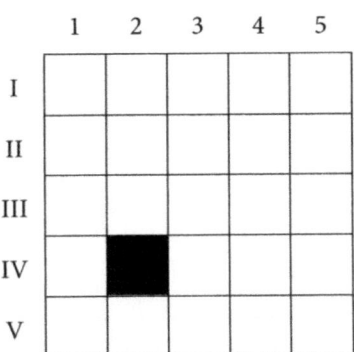

Acrostiches

L'acrostiche est un jeu littéraire déjà pratiqué par les auteurs grecs.

C'est une pièce poétique composée de telle sorte que **la lecture verticale de l'initiale de chaque vers constitue un nom** (de l'auteur ou du dédicataire). Ce genre convient à la requête : le poète quémande la grâce du ciel, la faveur d'un puissant ou l'amour de la femme aimée :

La nuit descend
On y pressent
Un long un long destin de sang

Guillaume Apollinaire (*Poèmes à Lou*)

Une autre variante de l'acrostiche consiste à composer une phrase dont les mots ont comme initiales les lettres du nom caché.

Rivalisant
Avec
Corneille
Il
Nous
Etonna
Racine

Exercices

1. Complétez cette strophe en forme d'acrostiche :

   Les parfums ne font pas frissonner sa narine ;

   Il dort dans le soleil, la main sur sa poitrine

   T .... Il a deux trous rouges au côté droit.

2. Réécrivez les vers dans l'ordre afin de recomposer l'acrostiche :

   __ Gardien du ciel   1. ....

   __ Il fond sur ses proies   2. ....

   __ Emblème de la Prusse   3. ....

   __ Les yeux perçants   4. ....

   __ Agile pour anagramme   5. ....

3. Ajoutez le dernier mot du décasyllabe pour obtenir un acrostiche double :

   Amour parfait dans mon cœur ....a

   Nom très heureux d'une que j'aime ....n

   Non, non, jamais cet amoureux ....n

   Autre que mort défaire ne ....a

Corrigé

1. *Les parfums ne font pas frissonner sa narine ;*
   Il dort dans le soleil, la main sur sa poitrine
   Tranquille. *Il a deux trous rouges au côté droit.*
                     Arthur Rimbaud, « Le Dormeur du val »

2. AIGLE
   Agile pour anagramme
   Il fond sur ses proies
   Gardien du ciel
   Les yeux perçants
   Emblème de la Prusse.

3. Amour parfait dans mon cœur imprima (pénétra)
   Nom très heureux d'une que j'aime bien
   Non, non, jamais cet amoureux lien
   Autre que mort défaire ne pourra (saura)

Atelier d'écriture

Navigation

Composez un acrostiche à partir des lettres du clavier de l'ordinateur.

A ....

Z ....

E ....

R ....

T ....

Y ....

....

....

....

....

....

Lipogrammes

Un lipogramme est un **texte écrit où une lettre de l'alphabet manque.**

Le premier « lipogrammatiste » fut Lasos d'Hermione, auteur lyrique du VIe siècle avant J.-C. qui composa plusieurs poèmes sans la lettre « sigma ».

Edgar Allen Poe s'imposa aussi la contrainte de la lettre manquante (en l'occurrence la voyelle « O ») dans une nouvelle intitulée « Un paragraphe en X ».

Mais le plus long lipogramme écrit à ce jour est le roman *La Disparition* de George Perec, paru en 1969 et entièrement rédigé sans la lettre « E », la plus fréquente dans la langue française. Voici son incipit :

> *« Anton Voyl n'arrivait pas à dormir. Il alluma. Son Jaz marquait minuit vingt. Il poussa un profond soupir, s'assit dans son lit, s'appuyant sur son polochon. Il prit un roman, il l'ouvrit, il lut ; mais il n'y saisissait qu'un imbroglio confus, il butait à tout instant sur un mot dont il ignorait la signification. »*

La **liponymie** est une variante du lipogramme : c'est un jeu qui consiste à **exclure un mot** ; par exemple, le jeu du « ni oui ni non ».

Exercices

1. Trouvez des noms d'états membres de l'Union européenne sans « a » ni « i » :

   ....

   ....

   ....

2. Remplacez les mots suivants par des termes sans « e » :

   Homme : ....   bavarder : ....

   Désir : ....   odeur : ....

3. Réécrivez les phrases suivantes en supprimant la lettre « e » :

   La voiture progressait en silence.

   ....

   La cantatrice exécuta un morceau d'opéra.

   ....

4. Dans ces extraits du roman de Perec, trouvez les mots de substitution :

   Midi sonna (à l'horloge) ....

   J'ai dit alors, (retenant) .... un sanglot.

Corrigé

1. Luxembourg — Grèce — Suède — Pologne — (Chypre).

2. Individu, quidam… — discourir — soif, inclination… — parfum.

3. L'auto (la Skoda, la Ferrari…) avançait sans bruit. — La diva (la soprano, la prima donna) chanta un air d'*Aïda*…

4. Au carillon — maîtrisant.

Atelier d'écriture

Au marché « Padipado »

Pour faire vos provisions, vous vous rendez à un marché où on ne vend que des produits alimentaires qui s'écrivent sans « i » ni « o » ; faites votre liste !

Langues imaginaires

Certains auteurs ont fait l'expérience d'inventer un nouveau langage, afin de souligner l'arbitraire de la langue défini par le Cratyle, d'en montrer les limites et de créer un univers poétique.

Dans une saynète intitulée « Un mot pour un autre », **Jean Tardieu** met en scène des personnages victimes d'une épidémie : ils prennent les mots les uns pour les autres, mais les conversations continuent :

> MADAME, *prenant le courrier*
> C'est tronc !... Sourcil Bien !... (Elle commence à examiner les lettres puis, s'apercevant qu'Irma est toujours là :) Eh bien, ma quille ! Pourquoi serpez-vous là ? (Geste de congédiement.) Vous pouvez vidanger !

Peter Bichsel imagine, dans l'une de ses *Histoires enfantines*, un homme qui décide d'intervertir les mots de vocabulaire selon un code personnel :

> *Désormais, il appela le lit « portrait ». La table, il l'appelait « tapis ». La chaise, il l'appelait « réveil ». Le journal, il l'appela « lit. Le miroir, il l'appela « chaise ».Le réveil, il l'appela « album ». L'armoire, il l'appela « journal ». Le tapis, il l'appela « armoire ». Le portrait, il l'appela « table ». Et l'album de photos, il l'appela « miroir ».*

Raymond Queneau est l'inventeur de la technique d'écriture « S + 7 » : chaque mot d'un texte est remplacé par le 7e de la même classe grammaticale dans un dictionnaire donné ; en appliquant cette formule, il a ainsi réécrit la fable de La Fontaine « La Cigale et la fourmi » :

> ### La Cimaise et la Fraction
>
> *La Cimaise ayant chaponné tout l'éternueur*
> *Se tuba fort dépurative quand la bisaxée fut verdie :*
> *Pas un sexué pétrographique morio de moufette ou de verrat.*

Exercices

1. Transposez l'extrait de la pièce de Jean Tardieu dans la langue courante :

   ....

   ....

   ....

   ....

2. À l'aide du lexique du héros de Bichsel, complétez le texte suivant :

   Le matin, le vieil homme restait longtemps au .... ; à 9 h,

   .... sonnait, l'homme se levait, se mettait sur

   .... pour ne pas prendre froid aux pieds ; il prenait

   ensuite tous ses vêtements dans .... s'habillait et

   se regardait dans .... puis il s'asseyait

   sur .... et feuilletait ....

3. Avec S + 7 : aise = alarmante ; chanter = chaponner ; danser = débagouler. Que deviennent alors les deux derniers vers de la fable ?

   Vous chantiez ? j'en suis fort aise.
   Eh bien ! dansez maintenant !

   ....

   ....

   ....

Corrigé

1. C'est bon !… Merci bien ! Eh bien, ma fille ! Pourquoi restez-vous là ? Vous pouvez disposer !

2. Portrait — l'album — l'armoire — le journal — la chaise — le réveil — le miroir.

3. Vous chaponniez ? j'en suis fort alarmante. Eh bien ! débagoulez maintenant !

Atelier d'écriture

Code secret

Pour correspondre avec un ami en résidence surveillée, vous mettez au point une langue cryptée, inversant lettres finales et initiales.

Exemple : « eivrl » pour « livre ».

Rédigez un message pour l'assurer de votre soutien.

Contrepèteries

Au XVIe siècle, le verbe « contre-petter » signifiait *contrefaire* ; la contrepèterie, divertissement oral, est un **détournement de sens basé sur le principe de l'inversion**. On obtient ainsi une phrase drôle et souvent gaillarde.

Plusieurs procédés sont possibles pour déceler le message implicite :

Inversion de la première consonne :

>   *Un dos mou* devient « un mot doux »

Inversion d'une autre consonne :

>   *La mère enfin* devient « l'affaire en mains »

Inversion de voyelles :

>   *Le pinson dans les bois* devient « le poisson dans le bain »

Inversion de syllabes :

>   *Le cœur de l'hiver* devient « le verre de liqueur ».

Des écrivains en ont glissé dans leur œuvre :

François Rabelais (l'inventeur ?) est l'auteur de la phrase :

>   *La noire me fuit* pour « la foire (la diarrhée) me nuit »

Marcel Duchamp a déclaré :

>   *Il faut dire « la crasse du tympan », et non* Le Sacre du printemps.

Boris Vian a appelé un personnage de *l'Écume des jours* « Jean-Sol Partre ».

Exercices

1. **Inversez la première consonne :**

   Un peu trop près du fort. ....

   Tous les bruits sont faux. ....

2. **Inversez les voyelles :**

   Une baleine qui pense. ....

   Les bonbons de tata. ....

3. **Plus subtil :**

   Des bœufs agiles. ....

   Des grains de beauté. ....

4. **Que devient la phrase « Les Teutons s'embrassent » ?**

   ....

5. **Terminez la phrase de Robert Desnos, fondée sur une contrepèterie :**

   « *Aimable souvent est* .... »

Corrigé

1. Un feu trop près du port. — Tous les fruits sont beaux.

2. Une balance qui peine. — Les babas de tonton.

3. *Des jeux habiles — Des bains de gros thé* (Duchamp).

4. Les Bretons s'entassent.

5. *« Aimable souvent est sable mouvant »* Robert Desnos

Atelier d'écriture

Un mou de veau

À partir de prénoms féminins, inventez des contrepèteries

Exemple : Jeannette est coquine, Mariette pèle.

Adages

Adages, maximes, sentences, proverbes, aphorismes, apophtegmes, dictons, devises, autant de mots à peu près équivalents pour désigner des **formules concises, lapidaires énonçant une vérité générale.**

Très diverses dans leur contenu, elles présentent des analogies de construction.

Les adages sont généralement rédigés au présent (ou au futur), peuvent contenir une tournure impersonnelle (« il faut »), des indéfinis (les pronoms « on », « tout »), des pluriels, des adverbes (« toujours », « jamais », « souvent »).

> *Les absents ont toujours tort.*

Ils fonctionnent sur un parallélisme (ou un chiasme), et sur des assonances :

> *Aide-toi, le Ciel t'aidera.*

Références de la sagesse ancienne et populaire, ils peuvent contenir des archaïsmes au niveau de la syntaxe ou du lexique :

> *À cœur vaillant rien d'impossible.*

De nos jours, ils sont considérés comme désuets, voire obsolètes, et réapparaissent dans le domaine de la publicité pour y être détournés :

> *On a toujours besoin d'un plus petit que soi/de petits pois chez soi !*

Exercices

1. Complétez les sentences suivantes :

Si jeunesse .... si vieillesse ....

En .... chose, il faut .... la fin.

2. Puzzle : retrouvez la maxime :

Le ; c'est ; tromper ; de ; double ; trompeur ; plaisir.

....

3. Terminez ces dictons :

Noël au ...., Pâques aux ....

En ...., ne te découvre pas d'un ....

4. Qui a dit ?

a. *Les beaux esprits se rencontrent.*　　○　　○ Florian

b. *Savoir par cœur n'est pas savoir.*　　○　　○ Rabelais

c. *Pour vivre heureux, vivons caché.*　　○　　○ Montaigne

d. *L'appétit vient en mangeant.*　　○　　○ Voltaire

Corrigé

1. Si jeunesse savait, si vieillesse pouvait. — En toute chose il faut considérer la fin.

2. C'est double plaisir de tromper le trompeur.

3. Noël au balcon, Pâques aux tisons. — En avril, ne te découvre pas d'un fil.

4. Florian : c. — Rabelais : d. — Montaigne : b. — Voltaire : a.

Atelier d'écriture

Deux en un

Fabriquez un faux proverbe en combinant deux formules construites de façon identique, puis attribuez-lui un sens fantaisiste.

Exemple :

À bon entendeur salut !/À bon chat bon rat !

> « *À bon entendeur bon rat*»

Ce qui signifie qu'un rat est offert à toute personne ayant assisté à un concert de la Castafiore.

Collages

Ce procédé, inventé par les Surréalistes, consiste, en peinture, à coller des matériaux différents sur la même toile.

En littérature, le collage prend la forme d'une **juxtaposition d'éléments empruntés à des sources différentes** :

— Le **chassé-croisé** est basé sur le principe de l'inversion :

« J'ai des oreilles pour parler et une bouche pour vous entendre »
Alfred Jarry

— Le **cadavre- exquis** est un jeu d'écriture collective où chaque participant ajoute une partie de la phrase, tout en ignorant ce qui précède ; l'appellation vient du premier texte produit :

« Le cadavre exquis boira le vin nouveau »

L'ordre imposé est NOM-ADJECTIF-VERBE-COD.

— Le **centon** résulte d'emprunts littéraires à différentes œuvres ; le texte produit doit avoir un sens nouveau. Une variante consiste à coller des citations d'auteurs ou d'ouvrages différents.

Exercices

1. Rendez chaque vers de ce quatrain à son auteur :

    a. *Dans le vieux parc solitaire et glacé.*   ○   ○ Leconte de Lisle

    b. *L'oiseau silencieux s'endort dans les rosées.*   ○   ○ Rimbaud

    c. *C'est là que j'ai vécu dans les voluptés calmes.*   ○   ○ Baudelaire

    d. *Et l'amour infini me montera dans l'âme.*   ○   ○ Verlaine

2. Comment ce collage a-t-il été fabriqué ?

    Sur une racine de bruyère, la corneille boit l'eau de la fontaine Molière.

    ....

    ....

3. Méli-mélo ; retrouvez les titres d'origine :

    La Légende de ma mère   ....

    La Tentation des siècles   ....

    Un Amour de l'occident   ....

    Le Livre de Swann   ....

	Corrigé

1. a. Paul Verlaine : « Colloque sentimental » — b. Charles Leconte de Lisle :
   « Nox » — c. Charles Baudelaire : « La vie antérieure » — d. Arthur Rimbaud :
   « Sensation ».

2. La phrase combine les noms des grands auteurs du XVIIᵉ siècle : *Sur une
   RACINE de BRUYÈRE, la CORNEILLE BOILEAU de LA FONTAINE
   MOLIÈRE.*

3. *La Légende des siècles* Victor Hugo — *La Tentation de l'Occident* André
   Malraux — *Un Amour de Swann* Marcel Proust — *Le Livre de ma mère* Albert
   Cohen.

Composition

À la manière du peintre Arcimboldo, composez un portait en mêlant parties du corps et noms de légumes.

Exemple : Un œil de courge.

Haïkus

Inventé au XVe siècle, le haïku ou haïkaï est la **forme littéraire zen par excellence**. Il est composé de **17 syllabes réparties sur trois vers (5 + 7 + 5)** :

> *Tendre souvenir :*
> *La coiffure des enfants*
> *Violettes en fleur*   Ryokan, poète japonais (1758-1831)

Le peu dit suggère beaucoup, sinon l'essentiel, à savoir la fugacité des choses ; c'est une célébration de l'univers ; la nature y est sacralisée. Le haïku génère un instant de lumière, en quelques mots correspondant à autant de coups de pinceaux pour les calligraphier.

> *Quel plaisir ! dormir*
> *Sur les rives du Suma*
> *Les vagues comme oreiller.*   Ryokan

Il répond à des contraintes formelles et thématiques :

— évocation d'une saison, à l'aide d'un mot-clef : « *fleurs* »pour le printemps… ;
— expression de l'admiration et de l'étonnement par interjections exclamatives ;
— absence du « je » ;
— allitérations et onomatopées omniprésentes.

> *L'automne-un brocard*
> *De feuilles d'érable rouge*
> *La robe des Tang*   Ryokan

Exercices

1. Puzzle : remettez les trois vers dans l'ordre qui convient :

   En lambeaux ouatés/Déchire tous les nuages/Le cri des mouettes/

   ....

   ....

   ....

2. Quelle est la saison évoquée ?

   La lune sourit/Plongée dans la nuit froide/Lumière blafarde.

   ....

3. Écrivez deux mots-clefs pour l'automne :

   ....

4. Complétez ces vers de sept syllabes pour obtenir des allitérations :

   Le vent sifflant ....

   Le bercement ....

5. Rédigez un haïku en utilisant les mots proposés : l'ombre/brisées/la brume/sous/dans/de/bruissent/des bouts/des arbres/branches.

   ....

   ....

   ....

Corrigé

1. *Le cri des mouettes*
   Déchire tous les nuages
   En lambeaux ouatés

2. L'hiver.

3. Roux ; décoloré ; chute ; amoncellement ; feuilles…

4. Le vent sifflant souffle fort. — Le bercement des branches (des bruits…)

5. Sous l'ombre des arbres
   Des bouts de branches brisées
   Bruissent dans la brume